Voici le printemps

Maryann Cocca-Leffler

Texte français d'Isabelle Montag

Éditions
SCHOLASTIC

Voici le printemps!

Les oiseaux chantent et les tulipes fleurissent.

Les abeilles butinent et les grenouilles bondissent.

semons des graines.

concombres

Des légumes pousseront par centaines.

carottes

tomates

laitue

Une grosse averse inonde tout.

Notre jardin de fleurs devient une mare de boue.

sous le soleil de midi!

Allons voir les agneaux
et les lapins,

les chiots,

les chatons,

et les petits poussins.

Construisons une cabane
avec papa.

Clouons, peinturons et décorons-la.

Youpi! Le soleil brille! Voici l'été.